La Ninja Humilde

Por Mary Nhin

No pienso menos de mí. Solo pienso menos en mí misma.

Por ejemplo...

Cuando estoy trabajando en algo, pido una segunda opinión.

Si hago algo mal, reconozco mi error y me disculpo.

Cuando alguien hace algo bueno, le doy las gracias. Me hace sentir feliz por dentro y me levanta como un globo.

Sin embargo, hubo un tiempo cuando no mostré tanta humildad...

Todos habían recibido sus exámenes de ortografía y yo estaba mostrando mi A+ en el examen.

En ese momento, no entendía que presumir pudiera herir los sentimientos de algunas personas.

Más tarde ese día, La Ninja Visionaria estaba mostrándole a todos un Pastel de humildad.

En un Pastel de humildad, hay 4 ingredientes que comienzan con las letras EAPP:

Evita jactarte

Aprecia a los demás

Pide disculpas cuando te equivocas

Pide comentarios

Evita jactarte

El jactarse es cuando hablas de cómo las cosas que haces o posees son mejores que las de los demás. A veces, eso hace que la gente se sienta mal porque no lo tienen o no pueden hacerlo, y luego se ponen tristes.

¿Cómo te sentirías si los papeles fueran al revés, y no te eligieran para el equipo y a tu amigo sí?

Todo el mundo quiere presumir, a veces. Queremos compartir nuestros logros. Está bien decirle a la familia o amigos cercanos, porque entienden y se emocionan. Pero no está bien decirlo delante de un amigo que no lo tiene o no puede hacerlo. Podemos hacer que se sienta mal.

Aprecia a los demás

Dar las gracias inmediatamente cuando alguien hace algo bueno es una gran manera de mostrar su aprecio. Cuando estamos agradecidos estamos felices.

Disculpate cuando te equivocas

Cuando cometemos errores, es bueno admitirlos.

Pide comentarios

A medida que vamos por la vida, no importa cuántos años tengamos o cuánto hayamos aprendido, siempre tenemos algo más que aprender. Una persona humilde reconoce que no importa cuánto piense que sabe, todavía puede mejorar.

Al día siguiente en la escuela, todos recibieron sus informes de progreso.

Me di cuenta de que algunos de mis compañeros de clase no estaban muy contentos con sus informes, así que decidí no compartir mis resultados. No quería que ninguno de mis compañeros se sintiera triste porque obtuviera buenas notas y ellos no.

Más tarde ese día, celebré con mi mamá y mi papá. ¡Me sentí feliz por esforzarme para obtener esas calificaciones! Y yo era aún más feliz. Aprendí algo nuevo sobre cómo ser humilde.

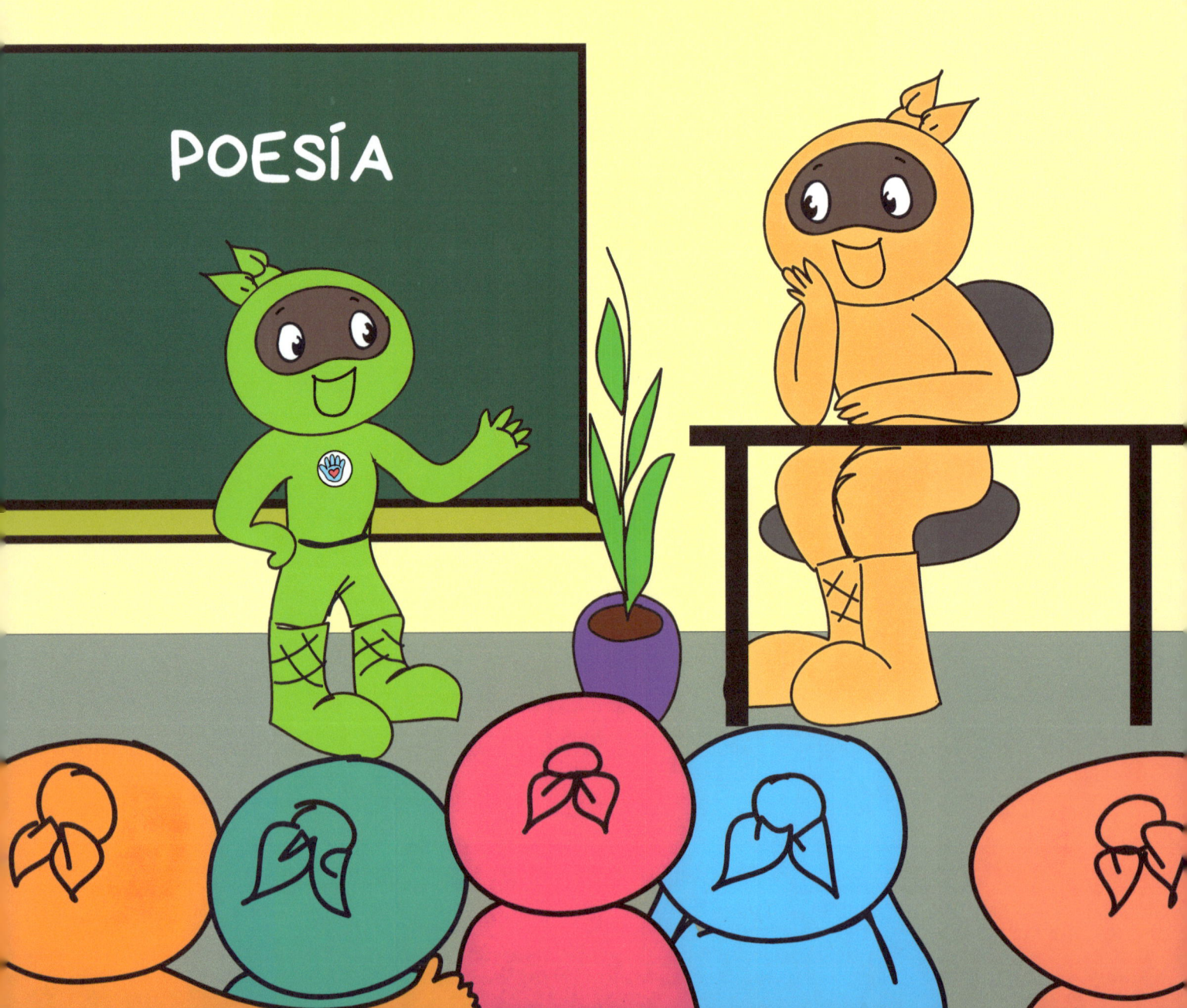

No siempre sé las respuestas y
reconozco que no siempre tengo razón.
Siempre tendré en mente que hay
muchas cosas que puedo aprender.

No quiero que otros se sientan solos o tristes.
Así que lo pensaré dos veces antes hablar.
Es importante para mí que los demás estén
incluidos, porque quiero que sean escuchados.

Cuando me equivoco,
voy a disculparme de inmediato.
Porque el discutir y pelear todo el día
no tiene sentido.

Soy bendecida con la gente en mi vida
que me apoya y me ayuda.
Estoy deseando darles las gracias
porque ser agradecida me hace feliz.

¡Visita ninjalifehacks.tv para obtener imprimibles divertidos gratis!

 @marynhin @officialninjalifehacks
#NinjaLifeHacks

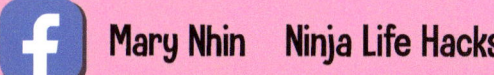 Mary Nhin Ninja Life Hacks

 Ninja Life Hacks

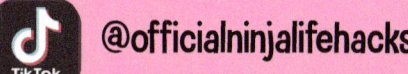 @officialninjalifehacks

www.ingramcontent.com/pod-product-compliance
Lightning Source LLC
Chambersburg PA
CBHW041524070526
44585CB00002B/76